VINCENT RAFFAITIN *illustrations de* LUCIE DESSERTINE

Petits CRIMES À RÉSOUDRE

MEURTRE DE SANG-FROID EN TRANSYLVANIE

MANGO éditions

QU'EST-CE QU'UNE *MURDER PARTY* ?

Une *murder party* est un jeu d'enquête grandeur nature où les participants doivent élucider un mystère criminel. Les joueurs incarnent les protagonistes d'une histoire énigmatique. Les possibilités de scénarios sont infinies et l'histoire peut se dérouler dans tous les univers imaginables. Entre les rebondissements, les indices, la tension et l'urgence de l'enquête, les participants doivent remplir des objectifs personnels, tout en collaborant et en s'adaptant aux diverses intrigues. Pendant les événements *murder party*, une attention particulière est portée à l'ambiance et aux costumes des personnages (et des comédiens) pour un résultat totalement immersif.

UN PEU D'HISTOIRE...

Les premières *murder parties* sont apparues au début des années 1930 en Angleterre. À cette époque, de luxueux hôtels les organisaient pour leurs clients fortunés. Au départ, cela s'apparentait plutôt à des pièces de théâtre immersives. Des comédiens, dispersés parmi les clients, jouaient alors une enquête policière.

Plus tard, le couple Elva et Anthony Pratt constate l'engouement autour des *murder parties* et décide de développer un concept de jeu de société similaire. C'est la naissance du célèbre jeu *Cluedo*®.

Au fil des ans, la culture populaire contribue au succès des enquêtes impliquant un détective qui doit résoudre un mystère. On peut notamment citer les histoires d'Agatha Christie ou d'Arthur Conan Doyle et de nombreuses séries télévisées et films.

Dans les années 2000, le phénomène redevient tendance en France. De plus en plus d'événements sont organisés par des professionnels mais aussi par des particuliers qui en font le thème de leurs soirées. Certaines entreprises ou associations en organisent pour des groupes (amis, familles) ou des entreprises (team building, soirées, etc.).

On retrouve aussi des jeux et des livres, comme celui que vous tenez entre les mains, qui permettent de mener ces enquêtes à domicile pour y jouer seul ou à plusieurs.

**CE LIVRE S'ADRESSE À TOUS LES PUBLICS.
L'AVENTURE NE REQUIERT
AUCUNE CONNAISSANCE SPÉCIFIQUE.
OBSERVEZ, ANALYSEZ, DÉDUISEZ
ET DÉMASQUEZ LE COUPABLE !**

SOMMAIRE

COMMENT JOUER ?

LE BUT DU LIVRE

Menez l'enquête, tel un détective, pour élucider le crime et démasquez le coupable !

Endossez le rôle de l'inspecteur de police dépêché sur place pour mener les investigations. Interrogatoires, relevés d'indices, victimologie, relevés d'empreintes : tentez de démêler le vrai du faux et de découvrir la vérité avant que le coupable ne s'échappe. Qui, parmi les personnages, avait un mobile valable, une opportunité et une arme pour commettre ce crime odieux ? Qui avait intérêt à éliminer la victime ?

Devenez un enquêteur et tentez d'élucider ce crime mystérieux. Démasquez le coupable en analysant et en observant les lieux de l'enquête. Pour cela, suivez les instructions données tout au long du livre, faites preuve de logique et récoltez des indices !

L'ENQUÊTE

Soyez attentif aux événements, inspectez les lieux, étudiez les témoignages, récoltez les indices...

Page après page, avancez dans l'histoire. Vous pouvez tout à fait revenir en arrière afin de corroborer une version de l'histoire, de vérifier vos premières observations ou de mieux analyser les scènes. Cependant, vous ne pouvez pas sauter de page.

Pendant votre investigation, il se peut que certains éléments soient intéressants, voire cruciaux. Pour vous souvenir de tout, pas de panique, vous trouverez en page 40 un journal d'enquête. Comme dans un véritable dossier d'enquête, notez-y vos interrogations, vos déductions, vos doutes, vos soupçons, etc. Vous pouvez le consulter à tout moment.

Une fois que vous avez lu toute l'enquête, faites preuve de logique et trouvez le coupable ! C'est bon, vous avez un suspect ? Allez confirmer cela en page 45, où se trouve la résolution finale de l'enquête.

Il n'y a aucune limite de temps pour résoudre cette affaire ! Si vous êtes d'humeur téméraire, vous pouvez néanmoins vous chronométrer et tenter de résoudre le mystère en une heure.

Que l'enquête commence !

MEURTRE DE SANG-FROID EN TRANSYLVANIE

BIENVENUE EN TRANSYLVANIE !

Découvrez cette mystérieuse région de la Roumanie qui ne vous laissera pas de marbre !

Vous n'êtes pas là par hasard ! Vous avez franchi la chaîne des Carpates, qui encercle presque entièrement la région et vous voici au centre de la Roumanie, sans doute le plus bel endroit du pays. Transylvanie vient du latin *trans silvam* ou *ultra silvam* qui veut dire « au-delà de la forêt ». Cette région, à l'histoire atypique et mouvementée, influencée par les conquêtes allemandes et hongroises, représente à elle seule toute la Roumanie. Des grosses métropoles aux petits villages perdus au milieu de nulle part, la Transylvanie vous laissera un souvenir indélébile. Prenez garde, les vampires rôdent peut-être encore dans les environs !

MYTHES SUR LES VAMPIRES

Bien que Dracula soit issu d'un roman gothique de l'époque victorienne, cela n'empêche pas la véracité de l'existence des vampires. Il n'est pas rare d'en côtoyer si vous vous promenez dans la région ! Ils ne sont pas toujours sous forme humaine… Ces êtres ont un don de métamorphose : loup, chauve-souris ou même brume, leur capacité à se transformer n'a de limite que leur imagination.

Si vous comptez rester en vie, prenez garde aux personnes qui s'approchent trop de votre cou. Les vampires regorgent d'astuces pour vous attirer dans leur filet et boire votre sang. Ce liquide vital leur donne de la force et stoppe leur vieillissement… Cela les rend presque immortels ! Si une personne suspecte ou trop sympathique vous aborde, n'oubliez pas de jeter un œil à la taille de ses canines…

Outre la taille des dents, il existe d'autres méthodes pour distinguer les vampires. Généralement, ils fuient le soleil. Ils portent de grands chapeaux, des lunettes de soleil et ne sortent pas le jour. Sur les marchés nocturnes, guettez les personnes qui évitent les stands qui vendent de l'ail, c'est un signe ! En marchant dans la rue, jetez un œil aux vitrines, vous serez surpris de ne pas y voir le reflet de tout le monde. En effet, les vampires ont cette étrange capacité de n'avoir aucun reflet.

Nous vous conseillons de vous munir, non pas d'un pieu en bois – méthode barbare, répréhensible, et surtout inutile puisque seul l'argent pourra tuer un vampire. D'autres objets comme les crucifix, les hosties, les fioles d'eau bénite, ou encore les bijoux en argent repousseront le vampire et vous protégeront. Retrouvez ces articles en vente à l'office du tourisme.

VIE LOCALE

entre tourisme et faits divers…

Bonne nouvelle pour les gourmands, chez nous on mange très bien ! Profitez des prix attractifs de la saison pour vous faire plaisir. Restaurants, bars, cafés, n'hésitez pas à déguster nos spécialités !

À NE PAS MANQUER

Lavinia Adamache et Silviu Miklos célébreront leur mariage dans deux jours à l'église orthodoxe de Sibiu. Cela promet d'être la fête de l'année !

• SILVIU MIKLOS •

Né avec une cuillère d'argent dans la bouche, il n'a jamais cherché à s'affirmer en dehors de l'entreprise familiale. D'un naturel paresseux, il n'a cependant jamais abusé de sa fortune, de son pouvoir ou de sa condition de vampire. Il respecte les humains et ne les considère pas comme inférieurs. Il a rencontré sa fiancée lors d'une soirée caritative. C'est notamment ses opinions et son humilité qui ont séduit Lavinia.

• LAVINIA ADAMACHE •

Très attachée à la nature et aux animaux, elle est la fille de Daciana et Ludovik Adamache. Elle ne s'entend pas avec le majordome de sa mère et l'évite autant qu'elle le peut. Elle milite activement et régulièrement en faveur de l'écologie. Son but est d'éveiller les consciences à propos du réchauffement climatique, des écosystèmes océaniques, de la pollution et de la surconsommation. Anciennement férue de mode et de tous les nouveaux accessoires, elle a vu la situation se dégrader au cours du dernier siècle et en a le cœur brisé. C'est pour cela qu'elle a radicalement changé son mode de vie. Sa rencontre avec Silviu a été un coup de foudre.

· DACIANA ADAMACHE ·

Veuve depuis une dizaine d'années, elle a souffert de la perte de Ludovik, son mari décédé suite à un tragique accident. Elle a hérité de son immense fortune. Malgré quelques désaccords, liés à l'argent, elle fait tout pour rester proche de sa fille. Les deux femmes ont des liens forts. Il est important pour Daciana que sa fille trouve une personne loyale et solide avec qui vivre sa longue vie. Silviu semble être un très bon choix. Son majordome, Théodosie, la suit dans tous ses déplacements.

· THÉODOSIE MECHITBAYEUR ·

Travaillant pour la famille Adamache depuis des années, il regrette le défunt Ludovik. Cependant, il entretient de bon rapport avec la matriarche. Ce n'est malheureusement pas le cas avec la fille de la famille, Lavinia. Toutes leurs rencontres sont tendues et désagréables ! Sa blague favorite : glisser une demi-gousse d'ail sous l'oreiller de la jeune femme. Leurs personnalités ne fonctionnent pas l'une avec l'autre. Ils évitent donc de se retrouver dans la même pièce. C'est l'un des rares humains à être dans le secret des familles vampires.

JOSÉPHINE RIVIÈRE : VOUS !

Toujours avec votre canif, votre crayon de papier (presque fini), et votre carnet, vous êtes une ancienne détective dotée d'une curiosité maladive. Vous avez donné votre démission, au service de police vampirique après un siècle de bons et loyaux services, lassée par les affaires de disparitions de chauve-souris domestiques. En manque d'adrénaline, vous êtes partie à l'aventure et avez fait le tour du monde en sac à dos. Alors que vous gravissiez l'Himalaya, Silviu Miklos, un ami d'enfance, vous a annoncé ses fiançailles.

En arrivant une journée en avance, vous souhaitez surprendre Silviu, votre ami de longue date, afin d'aider aux préparatifs pour son mariage. Vous êtes sûrement aussi stressée que les futurs mariés. Avant de toquer à la porte d'entrée pour vous annoncer, vous remarquez que celle-ci est entrouverte. Les bribes d'une discussion arrivent à vos oreilles… Serait-ce les voix des parents de votre ami ? Oui, c'est bien Marius et Ivona. Vous ne résistez pas et écoutez discrètement la conversation.

Bon sang Ivona, tu veux bien te calmer et faire semblant ! C'est l'histoire d'une seule journée, prends sur toi !
Comment oses-tu ? Tu sais bien que je ne les supporte pas.
Nous n'avons pas le choix. Notre société a besoin de liquidité et les banques se méfient. C'est le seul moyen d'obtenir de l'argent rapidement et sans questions intrusives. Si nous ne le faisons pas, nous sommes fichus.
Marius, j'en viens à me demander si je ne préfère pas perdre toute notre fortune, plutôt que de voir notre fils épouser cette moins que rien…

Joséphine, nous ne t'attendions pas avant demain !
Quelle bonne surprise ! C'est une très gentille attention. Viens, je vais te montrer ta chambre, tu pourras y déposer tes affaires.

Il est évident que la discussion est houleuse. Vous voulez en apprendre davantage. En approchant de la porte, quelque chose craque sous votre pied. Les vieilles bâtisses n'offrent aucune discrétion ! Vous n'avez plus le choix, vous entrez dans la pièce innocemment, comme si vous n'aviez rien entendu, et saluez le couple.
Oui, j'ai voulu arriver un peu en avance pour donner un coup de main. Je sais qu'il reste toujours nombre de choses à faire la veille d'un mariage.

Ivona vous amène dans un long corridor, à l'étage, qui compte au moins une dizaine de portes. Elle vous indique vaguement une porte dans le couloir. Après vous avoir donné rendez-vous dans le grand salon, elle s'en va. Il ne vous reste que quelques minutes avant de retrouver Silviu et de rencontrer la famille Adamache. Installez-vous vite !

Vous entrez dans ce que vous pensez être la bonne chambre, mais c'est raté ! Vous prenez le temps d'observer les lieux qui sont bien occupés. Sur la table de chevet, vous remarquez un carnet. La curiosité pend le dessus et vous le feuilletez. Il s'agit du journal intime d'un certain Théodosie, le majordome de Daciana Adamache. Vous vous attardez pour lire la dernière page.

Mais enfin, pourquoi veut-elle autant de roses blanches ? Et, avec sept épines, pas une de plus... Une lubie étrange qui me fait courir chez tous les fleuristes pour assouvir ses désirs. J'en ai marre. J'ai d'autres choses à faire et je perds mon temps dans ces futilités. Elle est insupportable. Cependant, je me réjouis qu'elle se marie bientôt, je ne la verrais plus aussi souvent ! Elle va quitter la maison et le calme reviendra. Je retrouverai sans aucun doute ma passion au travail. Le choix de son mari m'étonne tout de même... Un vampire malchanceux ! Toutefois, épouser un Miklos quand on est une Adamache, c'est culotté. L'a-t-elle fait exprès dans le but de contrarier sa mère ?

Je suis persuadé qu'elle planifie tout pour m'exaspérer et me pousser à bout... Et je ne peux rien faire ! Mon honneur et mon dévouement m'interdisent de me plaindre auprès de sa mère. Je supporte donc tous ces caprices, encore et toujours. Un jour, je me vengerai ! Je rêve de trouver un crucifix au manoir. Je pourrais la regarder dans les yeux et l'attaquer... Ça serait le soleil de ma journée. Si seulement...

Le pauvre humain n'a pas l'air en forme… Bon, il est temps de quitter la pièce pour trouver votre chambre. Mince, vous n'avez plus le temps. Vous laissez vos affaires dans le couloir et descendez à la recherche du grand salon.

Enfin, vous avez trouvé la pièce ! Lorsque vous faites votre apparition, l'ambiance vous semble tendue. Malgré tout, vous faites connaissance avec la future belle-famille de Silviu, les Adamache. La discussion semble apaiser la tension ambiante pendant un temps. À peine une heure se passe, lorsqu'une violente dispute éclate entre Daciana et sa fille. Comme toutes les autres personnes présentes, vous êtes médusée par la scène.

Furieuse, Lavinia brise un vase et quitte la pièce bruyamment. Elle est suivie de près par sa mère bouleversée. Marius et Ivona, exaspérés, s'éclipsent eux aussi chacun de leur côté. Votre ami, ne sachant quoi faire, vous salue avec un sourire crispé et se retire. Vous vous retrouvez seule, les bras ballants, dans ce lieu aux allures féeriques. Enfin un peu de calme après cette surprenante agitation. La vue, sur le jardin et les montagnes, est splendide ! Vous décidez de faire une sieste dans un des fauteuils. Trente minutes plus tard, un cri résonne dans le château, vous reconnaissez la voix du majordome, Théodosie.

Vous vous précipitez vers l'origine du cri et entrez dans la pièce en dernier. Là, vous découvrez une scène d'horreur. Théodosie se tient debout devant le cadavre de Lavinia un pieu à la main ! Vous le sommez de lâcher le pieu et il s'exécute. Le choc et la panique s'installent, rapidement d'autres cris et pleurs emplissent la maison. Seuls vous et Marius restez de marbre. Il a certainement vu d'autres cadavres dans sa vie et ne portait pas spécialement Lavinia dans son cœur.

La suite est une évidence pour vous, quelqu'un dans la maison a tué la future mariée. Tout porte à croire que le majordome est coupable… Cependant, il nie tout et maintient que c'est une erreur. Pour en avoir le cœur net, vous allez mener l'enquête ! Vous prenez les choses en mains, ancienne enquêtrice de police hors pair, vous avez les bons réflexes. Démasquer un criminel, c'est comme faire du vélo, ça ne s'oublie pas ! Vous demandez à tout le monde de regagner leurs chambres respectives, puis vous verrouillez la pièce à double tour.

Il est temps d'aller interroger les suspects. Dans le couloir à l'étage, vous prenez une grande inspiration avant d'ouvrir la porte de la chambre de Daciana. Elle est anéantie… Et oui, même sans cœur qui bat, les immortels ont des sentiments. C'est d'autant plus dramatique, que lorsqu'on est un vampire, les larmes sont rouges ! Mais, rien ne vous arrête, vous êtes bien décidée à résoudre cette affaire pour votre ami.

Non, pas à ma connaissance. Nos deux familles ne sont pas vraiment proches, cependant je n'avais rien contre Silviu. C'est une personne formidable qui aime ma douce Lavinia. On ne peut pas en dire autant de ses parents.
Qu'est-ce que vous voulez dire ?
Daciana se mure dans le silence et fixe le paysage à travers la fenêtre. Vous ne tirerez plus rien d'elle. Vous la laissez et prenez la direction de la chambre de Silviu pour poursuivre l'enquête. En passant, vous remarquez qu'il manque l'arbalète et le pieu en argent dans la vitrine du couloir…

Avant d'entrer, vous décidez de faire un rapide plan des lieux. Vous sortez un carnet et un stylo de votre poche. Vous n'avez pas vu toute la bâtisse, mais cela vous donnera une idée de l'agencement.

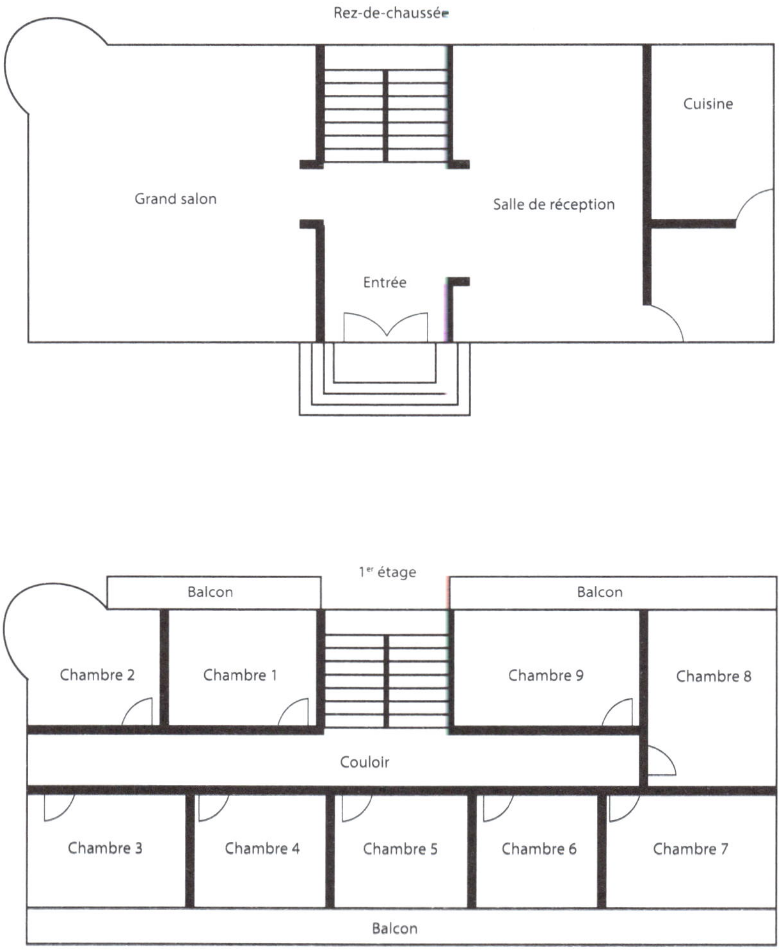

Cet endroit, auparavant idyllique, est désormais le théâtre d'un affreux crime… Devant la chambre de Silviu, au sol, vous trouvez un téléphone portable. Le fond d'écran verrouillé affiche un selfie des deux fiancés, mais on devine à peine la présence de Lavinia !

Vous arrivez près de Silviu. Les yeux de votre ami de toujours sont brillants et ses joues ont encore les traces de ses larmes si particulières. Cependant, probablement à cause de son éducation stricte, il réprime ses sanglots. Vous le prenez dans vos bras, lui apportant tout le soutien possible. Néanmoins, ami ou pas, il faut démêler cette tragédie.

Vous lui présentez à nouveau vos condoléances et prenez congé. Il est temps de parler à Marius.

L'homme semble exaspéré par la situation et vous accueille avec des railleries. Vous ne vous formalisez pas et l'interrogez sur son entreprise. Vous touchez juste, Marius se décompose et reste figé par le choc !

Que... Comment es-tu au courant ?! Enfin... J'imagine que cela ne sert à rien de jouer la comédie plus longtemps. Par respect pour mon fils, je te demande de garder ça pour toi. Je n'ai pas envie d'étaler nos secrets sur la place publique. Ma société est en faillite. J'ai besoin de fonds, beaucoup, pour assurer son avenir et celui de ma famille. Une fois Silviu et Lavinia mariés, j'aurais pu emprunter un peu d'argent à Daciana. Cela aurait été dans son intérêt. De l'argent contre le prestige de mon nom. Tu sais dans les affaires, on ne fait pas dans les sentiments, sinon on arrive à rien. Il faut toujours avancer et être prêt à écraser s'il le faut. L'avenir du nom Miklos prévaudra toujours sur tout le reste, pour moi en tout cas. Pour être honnête, je n'appréciais même pas Lavinia. Je la trouvais fade, sans aucune ambition... Elle manquait de grandeur, d'estime, d'avenir... ironiquement.

C'est à cause de cela que Daciana ne t'apprécie pas trop ? Elle m'a confié qu'elle n'avait aucune animosité envers Silviu. Apparemment, on ne peut pas en dire autant en ce qui te concerne.

C'est étonnant, elle ne pouvait pas être au courant de ce que je viens de te confier. Je n'en ai parlé qu'avec ma femme, enfin... dans les grandes lignes. Je ne lui raconte pas tout, sinon elle s'en mêle. Il est vrai que Daciana et Ivona ont pu avoir... quelques accroches. Elles ont un passif, tu connais sans doute l'histoire... Quoi qu'il en soit, je n'ai pas envie de reparler du passé. Et puis, Ivona a été lavée de tous soupçons, inutile de revenir dessus.

Ce n'est pas la peine d'insister, il n'en dira pas plus. Frustrée, vous quittez la pièce. Une petite recherche internet vous permettra sans doute d'en savoir plus sur tout ça.

Pour en savoir plus sur le passif entre les deux femmes dont vous parlait Marius, vous faites donc une recherche succincte sur le réseau vampirique. En quelques clics vous tombez sur divers articles, vieux d'une dizaine d'années…
Quelle découverte intéressante ! Pour l'instant, tout est confus dans cette enquête. Ne perdez pas de temps, Ivona vous donnera peut-être plus d'informations.

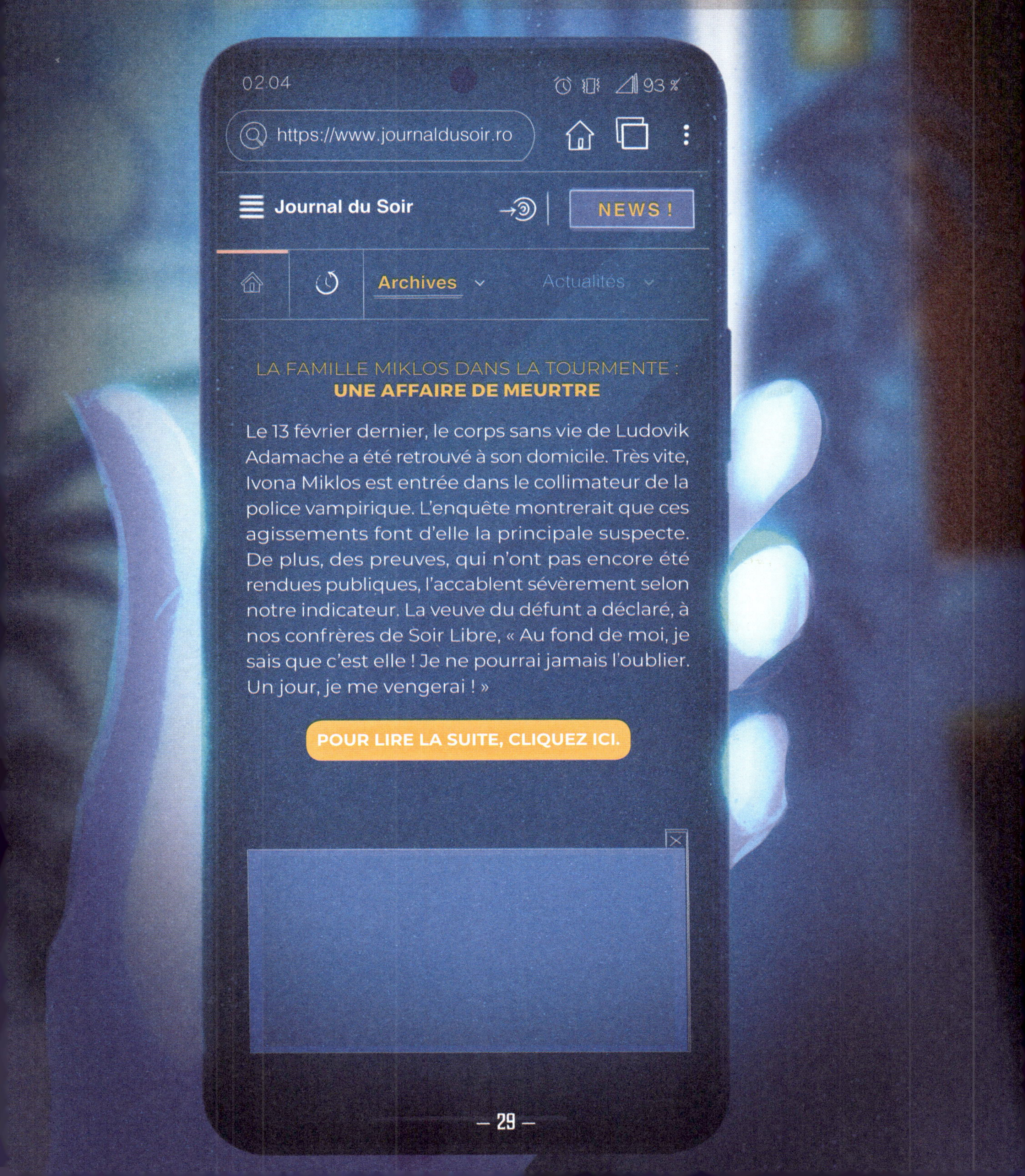

En entrant dans la chambre, vous parlez directement de l'article à Ivona. Comment Silviu est arrivé à épouser la fille de l'homme que sa mère est suspectée d'avoir assassiné ? Vous n'en aviez jamais entendu parler. Tout est déconcertant et presque absurde.

Ivona voit que vous êtes en possession d'un autre téléphone. Apparemment, il est à elle. Vous lui indiquez l'avoir trouvé dans le couloir, un peu plus tôt.
Oh, merci ! Je ne le retrouvais plus, avec toute cette agitation j'ai dû le perdre. Mais, j'y pense... Comme je ne savais pas trop quoi faire après la dispute dans le grand salon, je me suis mise au calme dans une pièce, pas loin de là où on a retrouvé la pauvre Lavinia. J'en ai profité pour changer le message de mon répondeur. C'est là que j'ai entendu de l'agitation. Peut-être qu'on peut entendre quelque chose... Peut-être même la voix du coupable !
C'est du génie ! Je vais t'appeler, ne décroche pas pour qu'on entende le répondeur.
BIP. BONJOUR, VOUS ÊTES BIEN SUR LE RÉPONDEUR DE SA GRANDEUR IVONA MIKLOS. SI VOUS VOULEZ ME JOINDRE POUR.......... WHOOSH-BOUM !......... AAAAAAAAAAAAAH............ BIP.
L'enregistrement ne vous donne, malheureusement, pas beaucoup d'indices. On y entend juste un tir d'arbalète et un autre bruit, certainement le choc du projectile dans le mur. Puis, quelques secondes plus tard, on entend un cri perçant, le même qui vous a réveillé un peu plus tôt. Et c'est tout, rien de plus. C'est dommage, cela aurait pu vous être utile. Vous quittez Ivona, il est temps d'interroger la dernière personne... Le coupable idéal selon les apparences.

Vous entrez à nouveau dans la chambre de Théodosie. Vous vouliez le surprendre, et lui faire perdre ses moyens, c'est un échec... Vous le trouvez là, allongé sur son lit, fixant le plafond d'un air hagard. Sa paire de gants ensanglantés est posée sur le petit bureau. Il semble dévasté, mais se redresse en vous voyant entrer.

Vous vous regardez, en silence, pendant un long moment. Trop mal à l'aise, vous quittez la pièce aussi prestement que vous êtes entrée. Vous avez parlé avec toutes les personnes présentes. Peut-être qu'en retournant sur la scène du crime vous y verrez plus clair.

Lavinia est toujours étendue sur le sol. Vous regardez l'arme du crime de plus près. C'est une arbalète vieille de plusieurs siècles. Son projectile est à côté. La pointe s'est probablement cassée lors de l'impact. Il est clair qu'il ne s'agit pas d'un de ces antiques pieux en argent, mais d'un métal quelconque. Qu'importe, vous avez autre chose à faire que d'analyser sa composition. Soudain, une idée vous vient ! Vous sortez votre crayon et à l'aide de votre canif, vous en grattez la mine. Vous obtenez une petite poudre que vous appliquez sur le pieu et le manche de l'arbalète. Quelques instants plus tard, des empreintes se révèlent.

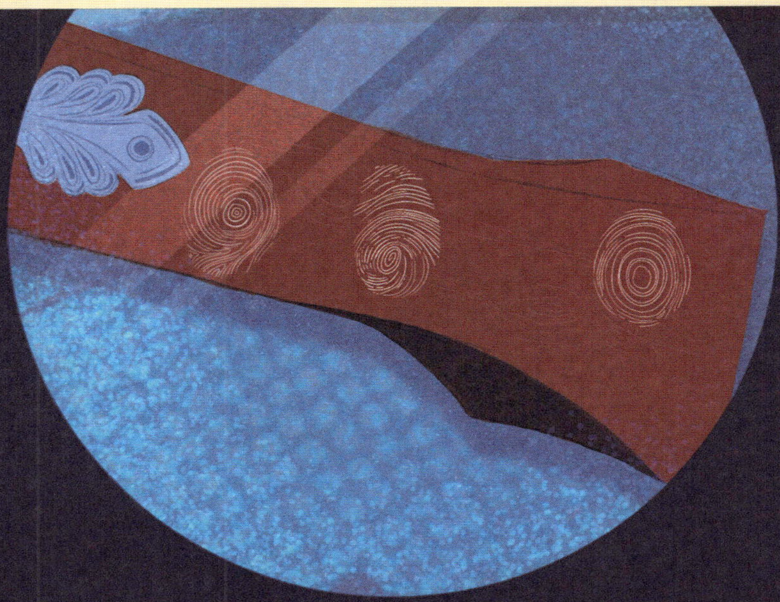

Vous tenez l'assassin, à coup sûr ! Il ne vous reste qu'une chose à faire : récupérer les empreintes des suspects. Vous pourrez ensuite les comparer avec celles sur l'arme du crime. Mince, votre mine de crayon est presque finie… Vous n'en aurez jamais assez pour tout le monde. Éclair de génie ! Votre téléphone a une définition optique suffisante pour faire de la macro. Vous pouvez donc prendre en photo chacune des personnes ainsi que le bout de leurs doigts. Il ne restera plus qu'à faire des comparaisons.

Vous remontez les escaliers afin de commencer cette nouvelle étape de l'enquête. Consciencieusement vous photographiez les empreintes de chacun, même les vôtres ! Il ne faudrait pas qu'on se retourne contre vous et qu'on vous accuse.

Vous êtes sur le point de résoudre l'affaire. Vous comparez les empreintes et rassemblez tout le monde dans le grand salon. Vous souhaitez observer, une dernière fois, leurs réactions afin d'affiner votre théorie.

Tout le monde se remet à peine de ses émotions. La tristesse, le choc et la douleur se lisent sur presque tous les visages. Marius, lui, transpire l'ennui. Daciana et Silviu sont prostrés. Si le coupable est parmi eux, il sait y faire… Malgré tout, votre instinct ne vous trompe pas ! Vous avez votre idée sur l'identité du meurtrier.

L'assistance vous regarde avec attention et espoir en attendant le verdict. Ne vous trompez pas ! Les connaissant, ils pourraient vous le faire regretter… Vous vous apprêtez à confronter le criminel, quand tout à coup, un hurlement éclate derrière vous.

C'est un choc ! Abasourdie, les yeux écarquillés, la bouche ouverte et le corps tendu, vous n'en revenez pas. La défunte n'est clairement pas décédée… C'est elle qui vient de hurler. Voici un retournement de situation des plus rocambolesque. Même vous, n'aviez pas envisagé cette possibilité ! À côté de quoi êtes-vous passé ?

Après un moment où le temps semble s'être suspendu, Silviu se précipite au cou de sa fiancée, bien vivante. Heureux et soulagé comme jamais, il bégaie des mots incompréhensibles. Pour vous, c'est une sacrée surprise… Toutefois, vous avouez ne plus rien y comprendre. Reprenez vos esprits et tentez d'y voir clair. Il doit y avoir une logique aux événements. Qui est donc l'auteur de cette tentative de meurtre ? Et, pourquoi a-t-elle échoué ?

Journal d'enquête

Journal d'enquête

· RÉSOLUTION DE L'ENQUÊTE ·

De nombreuses questions se posent ! Avez-vous démêlé cette histoire ? Savez-vous ce qui s'est passé ? Qui a tenté de tuer Lavinia et pour quel motif ? Et, pourquoi a-t-elle fait semblant d'être morte pendant un long moment ? Pour le découvrir, tournez la page !

· CONCLUSION ·

La rancœur entre les Adamache et les Miklos est grande et ancestrale. Jalouse de la richesse des Adamache depuis toujours, Ivona a très certainement tué Ludovik, le patriarche de la famille Adamache, des années auparavant. Faute de preuves, Ivona est relaxée et l'affaire est classée sans suite. À noter que la victime avait été tuée avec une arbalète… Après ça, Lavinia et Daciana ont tant bien que mal surmonté cette douloureuse épreuve.

Bien plus tard, Silviu et Lavinia se rencontrent lors d'un gala de charité organisé afin de lever des fonds pour la lutte contre le réchauffement climatique. Le coup de foudre est immédiat et Silviu ne tarde pas à faire sa demande à Lavinia. Marius est ravi de la nouvelle et voit dans cette union une opportunité de profiter de la richesse des Adamache pour renflouer les caisses de son entreprise, Miklos Inc., alors en faillite. Ivona quant à elle ne supporte pas l'idée que son fils épouse la fille Adamache. Malgré les problèmes financiers de l'entreprise familiale, elle est convaincue que cette union entacherait le nom des Miklos.

Lorsque Lavinia découvre l'identité de sa future belle-mère, elle met au point, avec sa mère comme complice, une vengeance. Persuadées que la meurtrière de Ludovik va récidiver et tenter de tuer Lavinia pour empêcher le mariage, elles mettent sur pied un coup monté pour piéger Ivona.

Dans la vitrine du château située dans le couloir, se trouve la seule arme qui peut tuer un vampire : une arbalète accompagnée d'un pieu en argent. Pourtant, vous l'aviez remarqué, le pieu utilisé pour transpercer le corps de l'ex-défunte, celui retrouvé sur la scène de crime, n'était pas en argent !

L'empreinte du doigt de Daciana que vous avez retrouvée sur le pieu indique qu'elle y a touché. Elle a échangé le pieu en argent de la vitrine par un pieu inoffensif en métal. Elle savait qu'en cas d'attaque, sa fille survivrait. Le véritable pieu en argent était caché dans la chambre de Daciana.

Ivona, ne supportant pas l'idée de ce mariage, a donc tenté d'assassiner Lavinia, comme l'avaient prévu Daciana et sa fille. Pour avoir un alibi, elle a enregistré une bande-son qu'elle a fait passer pour son répondeur. Sur ce faux répondeur, vous avez pu entendre le tir de l'arbalète, puis le projectile percuter quelque chose. Cependant, lors de la tentative de meurtre, le pieu a traversé le corps de Lavinia puis s'est logé directement dans le miroir, au-dessus de la cheminée. Pourtant, sur l'enregistrement, vous n'entendez aucun bruit de verre brisé. C'est grâce à ce détail que vous comprenez que Ivona avait tout prémédité ! Lavinia a ensuite fait la morte et attendu que l'enquête confonde Ivona.

C'était donc Ivona la coupable de tentative de meurtre… Il est temps d'appeler les autorités vampiriques et de la faire arrêter.

Ce livre s'inscrit dans une démarche écoresponsable. Il est imprimé sur du papier PEFC™ issu de forêts gérées durablement. Cette certification garantit une empreinte carbone réduite et une gestion raisonnée de la forêt, qui maintient la biodiversité et protège les écosystèmes. Il est imprimé avec des encres végétales, c'est-à-dire fabriquées uniquement à partir de matières premières renouvelables et sans huiles minérales. Il a été imaginé et conçu en France, et imprimé en Europe.

Direction : Guillaume Pô
Direction éditoriale : Tatiana Delesalle
Édition : Ophélie Candille assistée d'Emma Lombois
Correction et relecture : Angélique Fusari
Direction artistique : Sylvaine Beck
Illustrations intérieures : Lucie Dessertine
Illustrations des pages 19, 26, 40 à 43 : Shutterstock
Couverture : François Lamidon
Création graphique et mise en pages : François Lamidon
Direction de fabrication : Thierry Dubus
Suivi de fabrication : Julia Mirenda

1re édition – N° d'édition : M22164
ISBN : 9782317029837
Code MDS : MN29837

Achevé d'imprimer en Espagne par Edelvives en août 2022.

Dépôt légal : septembre 2022
www.mangoeditions.com

Retrouvez-nous sur Instagram
@mangoeditions

- ÉPILOGUE -

Après avoir été démasquée, Ivona a fini par avouer sa tentative de meurtre sur Lavinia, ainsi que l'assassinat de son père, Ludovik Adamache, une décennie plus tôt. Elle a été arrêtée et purge désormais sa peine de prison pour les trois siècles à venir.

Lavinia et Silviu se sont mariés pour leur plus grand bonheur... mais aussi pour celui de Marius et de son entreprise ! Lavinia et sa mère ont en effet mis à profit leur argent et contribué au redressement de Miklos Inc., à la condition que Marius s'engage dans une économie plus responsable et finance des projets environnementaux.

Daciana et Théodosie ont retrouvé leur routine habituelle. Le majordome est d'ailleurs beaucoup plus épanoui depuis qu'il côtoie de moins en moins Lavinia !

Joséphine, quant à elle, est repartie explorer le monde à la recherche de nouvelles aventures trépidantes et ne manque pas de correspondre avec son ami Silviu.

FIN !